EMILE LEFÈVRE.

REVUE DE SEDAN.

LE COLONEL
LUCIEN DE MONTAGNAC.

SEDAN

Typographie Ve Laroche-Jacob,

1866.

Le Colonel Lucien de MONTAGNAC. [1]

Une vérité aussi vieille que le monde, est qu'il existe un rapport intime entre l'homme et le sol qu'il habite. La configuration générale d'un pays, la plus ou moins grande fécondité de son terrain, sa température, donnent à ses habitants un cachet particulier qui forme le caractère distinctif des nations; en France, le caractère national est l'amour de la gloire et de la patrie, le mépris de la douleur et de la mort.

Puisque la France est la terre classique de la bravoure, et que, dans tous les temps et chez tous les peuples, cette qualité a été considérée comme la première lorsqu'elle est employée dans l'intérêt du pays, la génération actuelle doit être fière de ceux

(1) Extraits de :
1° *Biographie du colonel de Montagnac* par Eugène J.... Remy, officier d'infanterie.—Paris, 1847.
2° *Lucien de Montagnac* par H. Fleury (journal l'*Ardennais*, 11 octobre 1845).
3° Le combat de Sidi—Brahim par Alex. Dumas, *Grand-Journal*, 4 et 11 février 1866.
4° Rapports officiels.

qui lui prouvent que les guerriers français n'ont pas dégénéré, fière d'avoir eu parmi elle le brave entre les braves, celui qui a été regretté par ceux qui ont eu l'honneur de faire campagne sous ses ordres, autant que l'Empereur par ses vieux soldats, le colonel François-Joseph-Lucien de Montagnac, héros et martyr du combat de Sidi-Brahim.

*

Issu d'une ancienne famille militaire, Lucien de Montagnac naquit à Pourru-aux-Bois, près Sedan, le 17 mai 1803 (1). Ses études terminées au collége de Sedan, il entra, sur la fin de 1815, à l'école militaire de Saint-Cyr où il resta six années, et eût pour voisin d'études pendant assez longtemps, le brave général Bedeau.

Le 1er octobre 1821, il fut envoyé comme sous-lieutenant au 1er régiment de ligne, en garnison à Sedan.

Dès l'abord, il apporta dans son service cet aplomb, cette énergie, cette fermeté toujours équitable qui firent dire à ses chefs étonnés, que l'élève de Saint-Cyr semblait un de ces braves éprouvés par dix années de rudes besognes dans les vieilles bandes impériales.

Après la campagne de 1823, pendant laquelle le jeune officier eut occasion de se distinguer, le 1er régiment de ligne prit garnison à Belle-Ile-en-Mer.

(1) Il était le frère de M. E. de Montagnac, notre député.

Il y reprit ses habitudes sérieuses, consacrant les loisirs de sa vie de garnison à compléter par de fortes études son instruction militaire. Pour délassement, il se livrait à sa passion pour la peinture, et dans ce genre il a laissé des essais remarquables.

Il devint lieutenant le 30 décembre 1827.

**

Quelques mois après la révolution de 1830, le 1er de ligne vint à Paris; un fléau terrible venu de l'Orient, le choléra, exerçait ses ravages sur toutes les classes de la société. Le général Lamarque fut une des premières victimes. On connaît les malheureux événements qui eurent lieu à l'occasion de ses funérailles, et la lutte acharnée qui ensanglanta les rues de la capitale pendant les funestes journées des 5 et 6 juin 1832. En déployant autant d'énergie que les républicains, le gouvernement parvint à se rendre maître de l'insurrection. Le régiment dans lequel servait de Montagnac envoya des détachements dans les rues Saint-Martin, Poirier et Brisemiche. A la tête de sa compagnie, le second jour, Lucien, alors lieutenant de grenadiers, enleva trois barricades. Ce succès décida celui de la journée.

Quelques jours après, le 17, tous les régiments de la garnison étaient réunis dans la cour des Tuileries; après la revue, les officiers et les soldats qui devaient être décorés, à l'occasion des dernières affaires, furent placés sur un rang, face aux troupes.

Ils reçurent successivement de la main du Roi la récompense qui leur était destinée. Quand le tour de Montagnac fut arrivé :

« Sire, dit-il en sortant du rang, permettez-moi
« de vous adresser la parole ; je ne puis accepter
« cette décoration, je n'ai pas encore assez fait pour
« la mériter ; j'espère la gagner plus tard sur un
« champ de bataille, en combattant pour ma patrie
« et pour vous. Dans ces dernières affaires, je n'ai
« fait que mon devoir ; je ne veux pas de récom-
« pense. J'ai dans ma compagnie de vieux sous-
« officiers qui ont blanchi dans les camps ; ils sont
« plus dignes que moi de porter cette décoration ;
« depuis longues années ils n'ont rien obtenu ; je
« serais heureux qu'on les récompensât. »

Le Roi parut surpris, et le colonel du lieutenant de grenadiers lui demanda pourquoi il ne voulait pas accepter la croix :

« Ma détermination, répliqua-t-il, n'est pas celle
« d'un enfant ; il est inutile d'insister ; le Roi a dû
« me comprendre, et je pense que vous serez assez
« juste pour me comprendre aussi (1). »

Une réponse semblable ne comporte guère de réflexion ; mais en reportant sa pensée à cette époque, où le signe de l'honneur avait encore tant de prestige, on comprendra la valeur du sacrifice que

---

(1) Le mois suivant, le voltigeur Bertrand, du 1er de ligne, portait sur sa poitrine cette croix des braves, qu'avait si glorieusement repoussée Lucien de Montagnac qui, plus tard, donna une nouvelle preuve de l'élévation de son caractère : cité dans un ordre du jour, pour un acte de courage qui appartenait à l'un de ses camarades, il protesta publiquement et reporta l'honneur du fait sur celui à qui il était dû

faisait de Montagnac à ses idées chevaleresques et
au culte de l'institution impériale qui avait été au-
trefois le mobile de tant d'actions héroïques.

En 1836, Lucien de Montagnac, capitaine dès le
28 janvier de cette même année, passa en Afrique
et prit avec son régiment garnison à Oran. Il
commandait une compagnie de voltigeurs. Mis à
l'ordre du jour de l'armée, le 4 juillet 1840, pour
son intelligente et valeureuse conduite à l'affaire de
Blidah, la première où il se fût trouvé, il reçut
bientôt et cette fois accepta la décoration de la
Légion-d'Honneur.

Un an après, le 14 juillet 1841, il fut nommé
chef de bataillon au 61ᵉ de ligne.

Cette promotion fournit au général Lamoricière
l'occasion de donner au commandant de Montagnac
une de ces hautes et publiques marques d'estime,
qui, partant d'un tel homme, suffiraient à honorer
toute une vie militaire.

Lucien, par son nouveau grade, était attaché au
61ᵉ de ligne; il allait, en quittant le 1ᵉʳ régiment,
quitter le corps sous les ordres de Lamoricière. Ce
général sollicita et obtint du maréchal-gouverneur
l'autorisation de le retenir dans sa brigade. Il forma
exprès, pour le lui confier, un bataillon spécialement
composé de voltigeurs et de grenadiers.

A la tête de cette troupe d'élite, dont il garda

deux ans le commandement, Lucien de Montagnac, pendant la campagne de 1842, mérita d'être signalé quatre fois dans les ordres du jour de l'armée.

Rappelé en mai 1843 à son régiment et dans la division du général Négrier, le commandant de Montagnac, à la tête des six compagnies d'élite du 61e, et d'un détachement de spahis, eut, avec un gros d'Arabes, un engagement dans lequel il fut admirable d'intrépidité.

Après avoir, dans une charge à fond, culbuté la troupe ennemie, Lucien se rencontre, face à face, avec l'un des chefs. Une lutte s'engage corps à corps. L'Arabe reçoit à la tête un vigoureux coup de sabre; il en est étourdi, il roule à terre évanoui. La violence du choc est telle que le Français, dans son puissant effort, perdant les étriers, vient tomber près de l'ennemi renversé. Les spahis accourent, achèvent l'Arabe, relèvent leur commandant qui avait le bras droit deux fois brisé près du poignet. Il se fait panser sur-le-champ, et, le bras dans les attelles, se remet en tête de sa troupe.

Ainsi blessé, Lucien continua son service et son commandement. Chaque jour, tant que dura l'expédition, qui fut de près deux mois, il se faisait mettre à cheval par ses soldats et marchait avec eux. Quand, après cinquante jours, on leva l'appareil, le commandant de Montagnac était irréparablement estropié !

Il avait perdu pour toujours l'usage de la main droite, et, pour ses glorieux loisirs, cette ressource de la peinture cultivée par lui avec tant d'amour et de bonheur !

Il sut bientôt écrire de la main gauche. Le stoïque héroïsme qui lui avait valu cette glorieuse mutilation ne passa point inaperçu. Le maréchal Soult, ministre de la guerre, lui transmit, par l'entremise du général Baraguay d'Hilliers, les témoignages de sa haute satisfaction, et, le 10 mars suivant (1844), l'éleva au-grade de lieutenant-colonel.

*
* *

En même temps que son nouveau grade, Lucien obtint un congé temporaire. Il revint en France, dans cette ville de Sedan qui lui était si chère, au milieu de sa famille justement fière de lui, fière de sa tendre affection pour tous les siens. Entouré de ses concitoyens, Montagnac comme tous les hommes d'une supériorité réelle, fut digne, réservé, modeste. Dans le monde, il se distinguait par le calme et la simplicité de sa parole. Volontiers il faisait l'éloge des qualités politiques et militaires de l'émir qui devait l'assassiner ! Il disait que, si jamais le hasard des combats le plaçait face à face avec Abd-el-Kader, il craindrait de ne pas se sentir la force de frapper un tel ennemi.

Après un séjour trop court à Sedan, il se rendit aux eaux de Bourbonne pour mettre un terme aux douleurs incessantes de son bras fracturé.

Il y était depuis trois jours, lorsque les journaux

lui apportèrent la nouvelle d'une guerre imminente avec l'empire du Maroc. Il partit aussitôt, malgré les médecins, pour rejoindre son poste.

— « Je ne suis pas surpris de vous revoir, lui dit
« à Paris le maréchal duc de Dalmatie; les bruits de
« guerre m'ont fait penser à vous, et une détermi-
« nation semblable de votre part ne m'étonne nul-
« lement, parce que je vous connais. »

Le nouveau colonel, arrivé en Afrique trop tard pour prendre part à la bataille d'Isly, fut investi du commandement supérieur du cercle de Djemma-Ghazaouat (Nemours). Dans cette position, il eut à administrer et à gouverner un pays qui s'étendait au sud et au sud-est jusqu'à cinquante lieues.

Par ses talents d'administrateur, sa probité scrupuleuse et sa juste sévérité, le colonel sut faire honorer le nom français et le sien qui n'était prononcé par les Arabes qu'avec crainte et respect. La sécurité régna bientôt aux alentours du camp et son chef alla quelquefois, avec un seul cavalier, faire payer l'impôt à des tribus situées à sept lieues de distance. Pendant une des nombreuses expéditions qui avaient été faites sur les frontières du pays voisin, un officier français qui s'était écarté de la colonne avait été assassiné. Le colonel de Montagnac pénétra avec cent hommes, par une marche forcée, de nuit, dans l'empire du Maroc, et s'empara des coupables qu'il fit fusiller.

Il parlait et écrivait la langue des Arabes avec facilité; il dut à cette conquête de sa vie studieuse de n'être jamais à la discrétion d'interprètes, trop souvent menteurs et vendus à l'ennemi. A Djemma-Ghazaouat, Lucien de Montagnac, en termes de relations amicales et de confiance avec les généraux de Lamoricière et Cavaignac, poursuivait dans des travaux pacifiques toutes les améliorations compatibles avec la situation. Au mois d'avril 1845, il accueillait dans son camp Horace Vernet, et le grand peintre d'histoire et l'héroïque soldat s'attachaient l'un à l'autre dans une sympathique intimité.

Abd-el-Kader était alors le chef d'un Etat borné au nord par la mer, à l'est par les limites que nous nous étions imposées par le traité de Tanger, au sud par le désert et ayant à l'ouest des frontières élastiques, qui s'étendaient plus ou moins loin, suivant l'exaltation religieuse du moment. La capitale mobile de ce petit royaume était la Deira située à cette époque sur les rives de la Malouia, à trente lieues de Djemma-Ghazaouat. Les forces militaires de l'émir consistaient en cinq ou six cents cavaliers et autant de fantassins réguliers. S'appuyant sur cet faible noyau d'armée, sur le fanatisme des Marocains et des Arabes de la province d'Oran, et surtout sur la puissance magique de son nom, Abd-el-Kader, vers la fin du Rhamadan, voulut encore une fois tenter la fortune et envahit notre frontière au mois de septembre 1845. Une aussi grande nouvelle fut bientôt connue des Français.

Pour protéger contre l'émir ses administrés, les Souhalias, et pour arrêter les progrès de l'invasion, le colonel de Montagnac sortit le 21 septembre à dix heures du soir, de Djemma-Ghazaouat, laissant par écrit au capitaine Goffyn le commandement supérieur, et l'invitant verbalement, quand il se retirerait, à se porter au devant de lui pour l'appuyer dans son mouvement.

La petite colonne du colonel était ainsi composée :
346 hommes du 8ᵉ bataillon d'Orléans, et 9 officiers ;

62 hommes du 2ᵉ hussards, et 3 officiers ;

1 interprète ;

2 hommes du train.

Outre la cavalerie, les officiers et les bagages, on pouvait compter 80 chevaux et mulets.

Les gibernes étaient approvisionnées de 60 cartouches ; il n'y avait pas de réserve.

Voici les noms des 12 officiers qui accompagnaient le colonel de Montagnac.

MM. le chef de bataillon Froment Coste ;

le chef d'escadron Courby de Cognord ;

l'adjudant-major Duterres ;

le capitaine de Chargers ;

le capitaine Gentil St-Alphonse ;

le capitaine Burgaud ;

le capitaine Gereaux ;

le lieutenant Klein ;

le lieutenant Chapdelaine ;

le lieutenant de Raymond ;

l'adjudant Thomas ;

le docteur Rosagutti.

Nous voudrions pouvoir inscrire sur ce papier et que ce papier fût une plaque de bronze, le nom des 408 hommes qui suivirent ces treize chefs.

*
* *

Jusqu'à deux heures du matin, on marcha dans la direction du sud-ouest; à deux heures, on fit halte; on dressa les faisceaux et l'on se coucha derrière.

A huit heures, l'on déjeuna; à neuf on se mit en marche; à dix, le camp était établi près de l'Oued-Tarnana, ou l'on devait passer la journée.

Le colonel informa le capitaine Goffyn de l'endroit où il était campé, et écrivit au lieutenant-colonel de Barral qui était à cinq lieues vers le sud avec deux bataillons, un escadron et une section d'artillerie, en tout, six à sept cents hommes, que l'émir qui avait passé la frontière était en sa présence, et que le lendemain à sept heures il commencerait l'attaque.

Ainsi, de Montagnac, que quelques militaires ont accusé, dans cette circonstance, de témérité, avait été prudent dans la conception de son projet, comme il fut, selon son habitude, audacieux et résolu dans l'action.

Cependant rien de sérieux ne devait encore avoir lieu ce jour-là.

En effet, après quelques mouvements de part et d'autre, mouvements d'observation bien plus que d'hostilité, la nuit arriva.

Vers onze heures, Abd-el-Kader, qui ne perdait pas de vue les Français, se douta à l'activité des feux que l'on venait de raviver, que le colonel de Montagnac n'agissait ainsi que dans le but de tromper les Arabes et qu'il allait continuer son chemin.

Effectivement quelques Arabes placés en observation, vinrent dire que le détachement français se dirigeait sur Cascor.

Deux coups de feu, tirés sur l'arrière-garde, durent apprendre aux Français que l'on n'était pas dupe de leur ruse. Un coup de feu tiré sur leur flanc, dut leur apprendre qu'ils étaient observés de tous les côtés.

Vers trois heures du matin, ils établirent leur bivouac à Cascor.

En se réveillant, les Français purent voir sept ou huit cents cavaliers arabes disséminés sur toutes les crêtes des collines faisant face au camp.

Derrière ces collines, se tenaient Abd-el-Kader et son armée.

A sept heures du matin, on vit les hussards français monter à cheval et trois compagnies de fantassins se réunir pour charger. A peine à cheval, les hussards chargèrent à toute bride. Derrière eux, les fantassins français s'avançaient tambour battant. On vit bientôt se joindre à eux trois escouades de carabiniers.

Les cavaliers arabes se retirèrent devant les hussards français qui, arrivés à la crète de la colline, se trouvent devant une espèce de campement nomade dressé là pour les occuper et donner le temps à

Abd-el-Kader de couper le corps d'expédition de son point de départ.

Un signal donné à l'horizon indique que la manœuvre est accomplie.

En effet, Abd-el-Kader sort de son embuscade.

Il a autour de lui trois ou quatre mille hommes; le reste de l'armée enveloppe de tous côtés le détachement français, afin que pas un homme n'échappe.

A cette vue, le colonel de Montagnac se met à la tête de ses soixante hussards et charge Abd-el-Kader et ses quatre mille hommes.

Cette petite troupe arrive comme le simoun : on voit en tête le commandant, le sabre pendu à son poignet, un pistolet à chaque main.

Le général bien-aimé d'Abd-el-Kader, Haïd-Bel-Leslen, se jette au-devant de lui et tombe raide tué d'un coup de pistolet.

Le cheval du colonel de Montagnac saute par-dessus le cadavre, et à six pas le colonel décharge son second pistolet sur Abd-el-Kader.

L'émir fait cabrer son cheval qui reçoit la balle au cœur et qui s'affaisse sous lui.

Il y eut un moment de confusion effroyable. Les hussards combattent corps à corps avec l'émir et les hommes qui l'entourent.

Abd-el-Kader démonté, combat un instant à pied. Il est sur le point d'être fait prisonnier. Comme un simple cavalier, il frappe de son sabre dont la lame est brisée par une balle. Un cavalier arabe lui donne son cheval et tombe la tête fendue d'un coup de sabre.

Un hussard démonté ajuste Abd-el-Kader avec son mousqueton; un Arabe abaisse le mousqueton avec le canon d'un fusil déchargé. Le coup part, mais au lieu d'atteindre l'émir, la balle traverse le cou du cheval qui se cabre de douleur, fait deux ou trois écarts et s'abat.

Un Arabe saute à bas de son cheval et le donne à l'émir en même temps que son sabre.

L'émir se bat corps à corps avec le colonel qui s'attache à lui et qui le blesse à la main.

Le colonel étend la main pour saisir l'émir par son burnous; mais son troisième cheval s'abat sous lui. Un Arabe qui lui donne son propre cheval tombe frappé à la tête d'un coup de crosse de mousqueton qui lui défonce le crâne.

Pendant quelques minutes, tout disparaît au milieu de la fumée que déchiraient des coups de feu suivis de cris et d'imprécations!

*
* *

De ce nuage de poudre sortirent, mais forcés à la retraite, une trentaine d'hommes seulement.

Trois chefs survivaient : le colonel de Montagnac, le chef d'escadron Courby de Cognord et le capitaine Gentil St-Alphonse.

Mais à trois cents pas des lignes arabes, ils étaient réjoints par l'infanterie qui, voyant l'urgence de secours, accourait au pas de charge.

Les Français firent une halte de cinq minutes pour se reconnaître.

Pendant ce temps-là, l'émir se reconnaissait de son côté. Il était blessé à la main et à la joue ; ses vêtements étaient criblés de balles et hachés de coups de sabre.

Au bout de cinq minutes, le tambour français battait et la trompette française sonnait la charge. Deux cent quatre-vingts hommes marchaient contre cinq mille et allaient se trouver enveloppés par sept ou huit mille.

.
. .

Quel combat de Spartiates !

Voyons comment est tombé le lion....

La petite colonne chargea (trente hussards à peu près, et deux cent cinquante fantassins). Pendant que ces hommes marchaient, non pas au combat, mais à la mort, ils virent, de toutes les crètes environnantes, descendre au galop des centaines de Kabyles dont on n'avait pas même soupçonné l'existence, cachés qu'ils étaient dans les plis du terrain.

Le colonel de Montagnac comprit qu'il n'y avait non-seulement plus de victoire probable, mais plus de retraite possible.

— Mes amis, dit-il, nous sommes perdus ; mais il nous reste à montrer à Abd-el-Kader comment les Français meurent !

Puis, regardant derrière lui et voyant qu'il restait une trouée par laquelle on pouvait encore arriver au camp.

— Un homme de bonne volonté, dit-il, pour demander à Froment Coste une de ses compagnies. Formons le carré.

On obéit et, sous le feu des Arabes, le carré se forma comme il se serait formé au Champ-de-Mars.

Au moment où il prenait place au milieu du carré, le colonel de Montagnac fut frappé d'une balle à la tête.

— Le capitaine Froment Coste ! cria-t-il en tombant.

Le maréchal des logis de hussards, Barbut, partit au galop pour accomplir le dernier ordre de son colonel, et s'élança dans la trouée qui restait encore. Cinq cents coups de fusil furent tirés sur lui; pas un ne l'atteignit. Il disparut dans la direction du camp, au milieu d'une double ligne de feu et de fumée.

En tombant, le colonel de Montagnac remettait le commandement au chef d'escadron Courby de Cognord.

En ce moment, l'émir descendait de la mpntagne. On le reconnaissait à son drapeau et aux réguliers qui formaient sa garde. Pendant ce temps, la plaine tout entière se couvrit d'Arabes, et à peine pût-on, à travers la fumée flottant comme une vapeur, et au milieu de ces burnous blancs, distinguer les deux points noirs où achevait de mourir cette double poignée de braves.

On sait comment se termina ce terrible combat.

Le commandant Froment Coste n'avait pas cru qu'il fût besoin d'attendre les ordres de son supérieure. Il avait réuni soixante hommes. Puis laissant le camp à la garde du capitaine de Geraux et de ses carabiniers il avait marché au feu.

Il était donc déjà à plus d'un kilomètre du camp lorsqu'il vit accourir le messager du colonel de Montagnac. Il ordonna de prendre le pas de course.

On entendait la fusillade à volonté des Arabes ; puis, au milieu de ce pétillement, les décharges régulières de nos soldats. Seulement, ces décharges allaient toujours en s'affaiblissant !

Tout à coup la fusillade cessa.

Le commandant comprit que tout était fini, et que ceux au secours desquels il allait étaient morts.

Il n'y avait qu'une seule chose à faire : essayer de rejoindre le capitaine de Geraux. Il fit volte-face et le clairon sonna la retraite.

On n'entendait plus que des cris de triomphe : les Arabes étaient occupés à couper la tête des morts et même des vivants.

Le commandant Froment Coste vit les sanglants moissonneurs se répandre de tous côtés dans la plaine, chacun tenant une tête à la main. Ce fut alors qu'ils le virent lui et ses hommes. Les têtes furent accrochées aux arçons des selles, et, comme des oiseaux de proie, s'élançant au carnage à tire-d'aile, les Arabes fondirent sur lui.

En un instant, les soixante hommes furent entouré. Ils se formèrent en carré et le troisième combat, ou plutôt le troisième massacre commença.

Une balle frappa au front le commandant ; cinq minutes après, le capitaine Burgaud tombait aussi.

— Allons, mes amis, dit l'adjudant Thomas, à notre tour. En avant ! et mourons sur le corps de nos officiers.

Ce furent les dernières paroles distinctes que l'on entendit. Le râle de l'agonie leur succéda, et au râle de l'agonie, succéda le silence de la mort.

Il n'y avait debout que le capitaine de Geraux et ses carabiniers laissés à la garde du camp.

Dirons-nous comment moururent ces derniers survivants à l'horrible boucherie ? Non, laissons tomber le rideau sur ce sombre spectacle.

**

Nous n'avons pu résister à la tentation de citer presque en entier, le palpitant récit de notre grand romancier. Personne ne nous en voudra, car le souvenir de ce héros est gardé par tous les Sedanais, ses compatriotes.

Dans bien des maisons de notre ville, on voit son portrait comme celui d'un ami du foyer.

Que les quelques mots qui suivent nous le représentent bien tel qu'on nous l'a souvent dépeint !

« Par son coup d'œil militaire, son intelligence,
« son courage vraiment extraordinaire, il avait su
« prendre un ascendant irrésistible sur ses soldats

« et sur ceux qui l'entouraient. Le colonel avait une
« voix de stentor ; les traits de son visage fortement
« accentués, la moustache épaisse, le front large,
« le regard intelligent et sévère ; d'une taille impo-
« sante, sa belle tête, de même que celle de Kléber,
« s'élevait au-dessus des rangs comme un drapeau ;
« d'une instruction profonde et variée, sobre, de
« mœurs simples et antiques, s'occupant beaucoup
« du bien-être matériel des autres, sans avoir aucun
« souci du sien ; il n'avait, étant officier supérieur
« en expédition, qu'une simple tente-abri, ainsi que
« le dernier des soldats, et comme l'a dit un prince,
« le duc de Nemours : Nul officier n'était plus
« brave ni plus intelligent. »

Le roi lui-même, déplorant la perte du lieutenant
du 17 juin 1832, disait à l'un des ministres :

« Je pleure cet officier. Le colonel de Montagnac
« était un de ces hommes d'élite dont la France
« entière doit porter le deuil, parce que de telles
« pertes sont irréparables. »

Le nom du roi de Sparte qui succomba avec trois
cents Grecs en défendant l'entrée de sa patrie contre les Perses, a traversé les siècles entouré d'une
auréole de gloire et protégé par le respect des gé-
nérations ; celui du colonel français qui se fit tuer dans
les défilés des Traras, avec un plus grand nombre
de braves pour arrêter l'invasion de l'ennemi, ob-
tiendra une aussi belle page dans l'histoire et aura
autant de droit à l'admiration de la postérité.

www.ingramcontent.com/pod-product-compliance
Lightning Source LLC
LaVergne TN
LVHW051138060726
842526LV00006B/2116